MÉMOIRE

PRÉSENTÉ AU ROI

PAR

N.-L. PLANAT DE LA FAYE,

CHEF D'ESCADRON,

ANCIEN OFFICIER D'ORDONNANCE DE L'EMPEREUR.

Paris.

IMPRIMERIE DE E.-B. DELANCHY,

RUE DU FAUBOURG-MONTMARTRE, N° 11.

1859.

MÉMOIRE

PRÉSENTÉ AU ROI

PAR

N.-L. PLANAT DE LA FAYE,

CHEF D'ESCADRON,

ANCIEN OFFICIER D'ORDONNANCE DE L'EMPEREUR.

Paris.

IMPRIMERIE DE E.-B. DELANCHY,
RUE DU FAUBOURG-MONTMARTRE, N° 11.

1839.

MÉMOIRE

PRÉSENTÉ AU ROI

PAR

N.-L. PLANAT DE LA FAYE,

CHEF D'ESCADRON,

ANCIEN OFFICIER D'ORDONNANCE DE L'EMPEREUR,

A L'EFFET

D'OBTENIR DE SA MAJESTÉ

Le grade de Lieutenant-Colonel

AU CORPS ROYAL D'ÉTAT-MAJOR.

J'entrai au service militaire en 1800, à l'âge de seize ans, dans l'arme du génie, avec le grade d'adjoint de deuxième classe. Mon père était alors chef de la division de l'artillerie au ministère de la guerre. L'année suivante, le premier consul, voulant favoriser ses amis et créatures, destitua plusieurs employés pour disposer de leurs places. Mon père fut du nombre, et sa place fut donnée au général Gassendi. Le mécontentement qu'il en conçut le porta à me faire donner ma démission, et il m'envoya voyager en Allemagne et en Russie.

Je revins en France en 1806, après la mort de mon père; mais comme il n'avait pas satisfait pour moi aux lois de la conscription, je me trouvai, à vingt-deux ans, dans la position de conscrit réfractaire, et comme tel exposé à toute la rigueur de ces lois. Les généraux Lariboissière et Saint-Laurent, amis de mon père, auxquels j'eus recours, considérèrent qu'é-tant obligé de m'enrôler (par grande faveur) comme simple soldat, je ne pouvais espérer de faire mon chemin dans l'artillerie; ils me conseillèrent de m'engager dans le train d'artillerie, d'où il leur serait facile de me faire sortir comme officier, pour ensuite m'employer dans l'état-major de l'armée.

En effet, enrôlé volontaire dans le train d'artille-rie à la fin de 1806, je fus nommé sous-lieutenant en 1809, puis lieutenant en 1811. A l'ouverture de la campagne de Russie, en 1812, le général Lari-boissière, qui commandait en chef l'artillerie de l'ar-mée, me prit pour aide-de-camp. Après sa mort, je passai en la même qualité près du général Drouot, aide-de-camp de l'Empereur. Pendant la campagne de Saxe (1813), l'Empereur me confia deux missions importantes, l'une à Dantzig et l'autre à Hambourg. Il parut satisfait de la manière dont je les avais rem-plies, et me nomma capitaine et légionnaire. J'eus aussi le bonheur pendant cette campagne de lui servir plusieurs fois d'interprète, ayant une connaissance par-faite de la langue allemande. Blessé grièvement dans la campagne de France (1814), je fus transporté à Paris où je reçus ma nomination au grade d'officier de la Légion-d'Honneur. A son retour de l'île d'Elbe, l'Empereur daigna se souvenir de moi, et me désigna pour être un de ses officiers d'ordonnance. Après la bataille de Waterloo, je fus nommé chef d'escadron ainsi que tous mes camarades du grade de capitaine. De 1806 à 1815, j'ai fait sept campagnes : *Prusse*, *Pologne*, *Autriche*, *Russie*, *Saxe*, *France* et *Waterloo*.

Lorsqu'après sa dernière abdication, l'Empereur eut résolu de quitter la France pour se rendre en Angleterre, je fus du petit nombre des officiers de sa maison qui voulurent l'accompagner. Mais, arrivés à Plymouth, il ne fut permis à l'Empereur d'emmener à Sainte-Hélène que trois de ses compagnons d'infortune ; les autres, parmi lesquels je me trouvais, au lieu d'être renvoyés en France, furent, par ordre du gouvernement anglais, transportés à Malte, et détenus pendant un an dans une étroite captivité. C'est pendant ce temps que je fus rayé du tableau des officiers de l'armée par le gouvernement de la restauration ; radiation injuste et arbitraire, puisque, par empêchement de force majeure, je ne pouvais me présenter dans les délais fixés, ni faire valoir mes droits.

Rendu à la liberté, vers la fin de 1816, et jeté par les Anglais sur la côte d'Italie, je me vis repoussé par toutes les légations françaises, et poursuivi par les polices locales, quoique jamais je ne me sois mêlé d'intrigues politiques. Je me réfugiai dans les états autrichiens où je restai, soit à Vienne, soit à Trieste, jusqu'en 1821. A cette époque, les affaires de France ayant pris une assiette plus calme, je revins à Paris ;

j'y sollicitai vainement le redressement du tort qui m'avait été fait. L'inutilité de mes réclamations m'engagea à accepter les offres qui me furent faites par le prince Eugène de m'attacher à sa personne. Je me rendis à Munich, et j'y restai jusqu'en 1831.

Au moment où la révolution de juillet éclata, j'aurais voulu pouvoir me rendre à Paris, mais je fus retenu pendant plus d'un an par des obligations contractées, par des devoirs à remplir envers la famille du prince qui avait été mon bienfaiteur. A mon retour en France, j'obtins ma réintégration sur le tableau des officiers de l'armée; mais ma nomination au grade de chef d'escadron ne fut point reconnue; et bien que je me croie fondé en toute justice à compter vingt-trois ans de ce grade, il ne m'est effectivement attribué que depuis le 10 novembre 1831. Plus heureux que moi, quelques-uns de mes camarades ont obtenu la confirmation des grades reçus à Waterloo; et tous, sans exception, ont reçu deux grades depuis la révolution de juillet.

L'ordonnance de 1831, qui me conférait le grade de chef d'escadron, me replaçait en cette qualité dans le train d'artillerie réduit au service des parcs. Cette position, humiliante après des services tels que les miens, ne pouvait me convenir, et je me crus en droit de réclamer mon adjonction au corps royal d'état-major. Le général Drouot, dont l'équité n'a jamais fléchi devant des considérations personnelles, en jugea de même, comme on peut le voir par l'apostille suivante qu'il voulut bien mettre sur la demande que j'adressai au ministre de la guerre :

« Je soussigné, lieutenant-général en retraite, at-
« teste les faits suivants :

« M. Planat de la Faye a servi comme aide-de-camp
« près du général Lariboissière, premier inspecteur-
« général de l'artillerie, jusqu'à la fin de la cam-
« pagne de Russie, époque de la mort de cet illustre
« général.

« Connaissant l'estime que le respectable général
« Lariboissière portait à M. le capitaine Planat, j'ai
« demandé cet officier pour aide-de-camp avant l'ou-
« verture de la campagne de 1813.

« M. Planat a servi près de moi pendant les cam-
« pagnes de 1813 et 1814 avec un zèle, un dévoû-
« ment et une capacité dignes des plus grands éloges.
« En 1814, il fut blessé gravement à mes côtés près
« du pont de Château-Thierry.

« Au mois de juin 1813, l'Empereur confia une
« mission à M. Planat, et c'est sans doute dès ce mo-
« ment qu'il apprécia le mérite et la capacité de cet
« officier. En 1815, il l'attacha à sa personne en qua-
« lité d'officier d'ordonnance.

« La nature des fonctions que M. Planat a remplies
« pendant long-temps avec une grande distinction
« le fait appartenir naturellement au corps royal
« d'état-major.

« J'ai l'honneur de supplier M. le maréchal minis-
« tre de la guerre d'accueillir favorablement sa de-
« mande.

« Nancy, le 10 mars 1833.

« Comte DROUOT. »

Fort d'une autorité si respectable, monseigneur le duc d'Orléans daigna s'employer chaudement en ma faveur; mais, malgré des démarches pressantes et réitérées dont je lui serai éternellement reconnaissant, tout ce que son Altesse Royale put obtenir du maréchal Soult, alors ministre de la guerre, fut une décision dont copie est ci-jointe, par laquelle, reconnaissant la justice de mes réclamations, le ministre m'autorisait « à prendre le titre de chef d'es- « cadron d'état-major, sans pouvoir toutefois me « prévaloir de cette autorisation pour réclamer ulté- « rieurement mon adjonction au corps royal d'état- « major. » Mais à peine le maréchal Soult avait-il quitté le ministère, que son successeur, sans égard pour cette décision (que je crois néanmoins pouvoir toujours invoquer), me fit classer de nouveau parmi les officiers du train des parcs d'artillerie.

Je viens donc aujourd'hui renouveler mes réclamations et implorer la justice du Roi, suppliant sa majesté de daigner me faire reprendre dans l'armée une position analogue à mes services passés, services qui ont été jugés utiles et honorables par ceux qui furent à même de les apprécier.

Il me semble qu'après avoir été aide-de-camp des généraux Lariboissière et Drouot et officier d'ordonnance de l'Empereur; qu'après avoir été honoré de leur confiance et des témoignages de leur satisfaction, on ne peut, avec justice, me laisser dans la situation pénible où je me trouve actuellement.

Ma position, tout exceptionnelle et sans exemple dans l'armée, réclame aussi une décision tout excep-

tionnelle, qui serait sans conséquence pour l'avenir.
« Je me crois donc fondé à supplier Sa Majesté de
« daigner, par dérogation formelle à son ordonnance
« du 23 février 1833, m'accorder le classement que
« je sollicite dans le corps royal d'état-major, avec
« le grade de lieutenant-colonel. »

Les titres que je puis avoir à cette faveur sont, sans
doute, étrangers à la révolution de juillet : sept pénibles campagnes, de graves blessures, la confiance et
les suffrages des hommes les plus éminents de l'armée,
un dévoûment sans bornes à la cause et à la personne
de l'Empereur, les malheurs qui en ont été la suite, et
enfin la mention spéciale que l'Empereur a daigné
faire de moi dans ses *Mémoires* et dans son testament,
tous ces titres, je le répète, peuvent être sans prix
pour la révolution de juillet; mais aussi, c'était plutôt
un acte de justice qu'une faveur que je demandais à
son gouvernement

J'étais, en 1815, placé dans les plus hautes régions
de l'état-major, puisque je faisais partie de celui de
l'Empereur. J'étais chef d'escadron comme je le suis
aujourd'hui. Serait-ce trop demander en 1838 qu'un
classement pareil à celui que j'avais alors, et un grade
supérieur après vingt-trois ans du grade précédent?

Le Roi s'est plu à honorer la mémoire de l'Empereur avec un éclat et une magnificence qui seront aux
yeux de la postérité un de ses plus beaux titres de
gloire. Sa Majesté a traité ses fidèles serviteurs avec
une faveur marquée; elle s'en est entourée; elle a
élevés dans toutes les branches du service public ceux

qu'elle ne pouvait placer près de sa personne. Tous mes anciens camarades ont obtenu de l'emploi, des grades et des décorations. Leurs titres sont les miens, et j'ose espérer que, dès qu'ils seront connus du Roi, Sa Majesté ne voudra pas que je reste seul en dehors de la faveur et de la bienveillance royale.

Paris, 17 mars 1838.

Signé PLANAT DE LA FAYE.

OBSERVATIONS.

En lisant avec attention le mémoire qui précède, on reconnaîtra, ce me semble, que, depuis 1815, la conduite du département de la guerre à mon égard n'a été qu'une longue suite d'injustices et de rigueurs non méritées.

Après la bataille de Waterloo, étant alors capitaine officier d'ordonnance de l'Empereur, je fus nommé par lui chef de bataillon d'artillerie ; mais les bureaux du ministère de la guerre n'ont jamais eu égard à cette nomination ; ils ont décidé qu'il y avait erreur, et que sortant du train d'artillerie, je devais nécessairement y rentrer. Il n'y avait point erreur : l'Empereur, en me nommant, savait très-bien que je possédais toute l'instruction d'un officier d'artillerie, et il ne peut venir à l'idée de personne qu'après m'avoir fait l'honneur de m'admettre dans sa maison militaire, voulant me récompenser, il m'eût replacé dans le train d'artillerie, surtout si l'on considère que j'avais été successivement aide-de-camp des généraux Lariboissière et Drouot, dont les hautes fonctions m'avaient permis d'aborder les parties les plus élevées de l'art militaire.

Lorsque l'Empereur quitta la France en 1815, le général Bertrand, alors grand-maréchal du palais, fit un appel aux officiers de sa maison ; quelques-uns répondirent à cet appel ; je fus de ce nombre, pensant qu'il était de mon devoir de ne point abandonner le chef illustre que la fortune venait de trahir. Je reçus à cet effet une autorisation et des passeports du gouvernement provisoire. Par suite de cette résolution, je devins prisonnier des Anglais qui, après m'avoir séparé de l'Empereur, me gardèrent à Malte pendant plus d'un an dans une rigoureuse captivité. Rentré en France en 1821, après bien des souffrances, je m'adressai au ministre de la guerre pour connaître ma position. Il me fut répondu qu'ayant quitté la France de mon plein gré et sans autorisation, j'avais été considéré comme démissionnaire, et rayé du tableau des officiers de l'armée (*A*). Je représentai vainement que j'avais quitté la France temporairement, avec l'autorisation du gouvernement provisoire, et qu'il n'était pas juste d'avoir prononcé ma radiation lorsque j'étais prisonnier des Anglais, et dans l'impossibilité de faire valoir mes droits. On ne daigna même pas me répondre.

En 1828, je dus à la bienveillance particulière du général Decaux, alors ministre de la guerre, et ancien collègue de mon père, ma réintégration sur le tableau des officiers de l'armée, mais seulement comme capitaine du train des parcs d'artillerie en réforme (*B*). Cette décision ne pouvait me satisfaire et je n'en fis aucun usage. Ce n'était pas le moment de faire valoir les droits que me donnaient mes services et ma nomination de Waterloo.

Je crus ce moment arrivé, lors de la révolution de juillet. Elle venait de fonder un gouvernement national dont les premiers actes annonçaient en même temps un gouvernement juste et réparateur. Plusieurs de mes camarades, dont la position était exactement la même que la mienne, avaient obtenu la confirmation des grades reçus à Waterloo, de l'emploi, des décorations et même des rappels de solde. Je quittai la Bavière, où dix années de travail m'avaient conquis une position honorable. Rentrant en France, je ne mis pas en doute un seul instant qu'ayant les mêmes droits que mes anciens camarades, je devais être traité comme eux : il n'en fut pas ainsi. A la vérité je fus nommé chef d'escadron en novembre 1831 (*C*), mais ma nomination de Waterloo ne fut pas reconnue ; et lorsque je demandai de l'emploi, je reçus pour toute réponse l'avis ministériel de ma mise en réforme (*D*).

En 1833, voyant mon avenir menacé par le projet de loi sur l'état des officiers, je sortis un moment de mes habitudes de patience et de résignation pour solliciter un service actif et mon adjonction au corps royal d'état-major. Grâce aux bontés de Mgr le duc d'Orléans et à ses pressantes sollicitations, j'obtins de M. le maréchal duc de Dalmatie, alors ministre, un emploi au dépôt de la guerre et une décision qui m'autorisait à prendre le titre de chef d'escadron d'état-major, mais sans pouvoir faire partie du corps royal (E, F). Je me contentai de cette position modeste, pensant qu'elle serait durable, et que, du moins, j'y trouverais le terme de ces pénibles et humiliantes sollicitations auxquelles on m'a forcé de recourir depuis vingt-quatre ans.

Mais à peine huit mois se furent-ils écoulés qu'un nouveau ministre détruisit l'ouvrage de son prédécesseur. En 1834, je fus mis en non-activité par mesure d'économie, et classé de nouveau comme chef d'escadron dans le train des parcs d'artillerie (G). J'ignore jusqu'à quel point M. le maréchal Gérard avait le droit d'annuler une décision prise en ma faveur par son prédécesseur; mais s'il avait ce droit, il faudrait en conclure que la décision de M. le maréchal duc de Dalmatie n'était rien qu'un leurre, une satisfaction trompeuse donnée à de justes réclamations dont on était importuné. Il m'est impossible de le croire d'après les paroles bienveillantes de M. le maréchal lorsque j'eus l'honneur de le voir en 1833. L'intérêt qu'il me témoigna dans cette occasion, la chaleur et la cordialité de son langage ne me permettent pas de douter un instant de sa sincérité.

Maintenant, je demande à tout homme impartial s'il est possible d'être plus mal traité que je l'ai été depuis vingt-quatre ans? surtout si l'on veut bien se rappeler que je n'ai point donné ma démission; que jamais je ne me suis mêlé de complots ni d'intrigues politiques; que jamais les journaux n'ont été les confidents de mes plaintes, et que c'est près de l'autorité seule que j'ai constamment sollicité le redressement des injustice commises à mon égard.

Paris, le 16 septembre 1839.

PLANAT DE LA FAYE.

PIÈCES JUSTIFICATIVES.

Au Palais de l'Élysée, 23 juin 1815.

L'Empereur me charge de vous informer, Monsieur, que vous êtes admis à l'honneur de le suivre dans sa retraite. Sa Majesté ne pouvait vous donner une meilleure preuve de la satisfaction qu'elle a éprouvée de vos services.

J'ai l'honneur de vous saluer,

Le grand-maréchal,
BERTRAND.

A M. le chef d'escadron Planat, officier
d'ordonnance de l'empereur.

Monsieur Planat, mon officier d'ordonnance, les circonstances me prescrivent de renoncer à vous conserver près de moi. Vous m'avez servi avec zèle, et j'ai toujours été content de vous. Votre conduite dans ces derniers temps est digne d'éloges et confirme ce que je devais attendre de vous.

A bord du *Bellerophon*, ce 7 août 1815.

NAPOLÉON.

(*A*)   **MINISTÈRE DE LA GUERRE.**

3ᵉ DIRECTION. — BUREAU DE L'ARTILLERIE.

PERSONNEL.

Paris, le 13 décembre 1821.

Je vous préviens, Monsieur, en réponse à votre lettre du 5 du mois dernier, qu'ayant abandonné la France de votre propre volonté et sans aucune autorisation, vous avez été considéré comme démissionnaire, et rayé en conséquence du contrôle des officiers de l'armée, le 16 janvier de l'année 1816, six mois après votre départ de France.

J'ai l'honneur d'être, etc.

Le ministre secrétaire d'état de la guerre,

Mis V. DE LATOUR-MAUBOURG.

À M. Planat (Louis-Nicolas), ex-capitaine
du train d'artillerie,

A PARIS.

(B) **MINISTÈRE DE LA GUERRE.**

DIRECTION GÉNÉRALE DU PERSONNEL.

BUREAU DE L'ARTILLERIE.

Paris, le 22 novembre 1828.

Je vous annonce, Monsieur, que d'après le compte que j'ai rendu au roi des motifs qui vous ont retenu éloigné du royaume depuis votre départ en 1815 pour suivre le chef du gouvernement précédent, Sa Majesté, prenant en considération vos précédents services, a daigné vous admettre, par décision du 9 de ce mois, à faire valoir les droits que vous pouvez avoir au traitement de réforme, d'après les dispositions de l'ordonnance royale du 5 février 1823.

Il sera procédé, etc.

La faveur qui vous est accordée par S. M. vous permet en outre de concourir avec les officiers dans votre position pour être ultérieurement rappelé à l'activité, et continuer vos services, conformément aux règles établies à cet égard par la décision royale du 16 juillet dernier.

J'ai l'honneur d'être, etc.

Le ministre secrétaire d'état de la guerre,

Vte DECAUX.

M. Planat (Louis-Nicolas), ex-capitaine
du train d'artillerie,

A PARIS.

━━━◅⊙▻━━━

(*C*)   **MINISTÈRE DE LA GUERRE.**

BUREAU DE L'ARTILLERIE,

SECTION DU PERSONNEL,

Paris, le 24 décembre 1831.

Je vous préviens, Monsieur, que le Roi, par ordonnance du 21 du présent mois de décembre, vous a nommé au grade de chef d'escadron du train des parcs d'artillerie, pour prendre rang en cette qualité, à dater du 19 novembre 1831.

Cette lettre, dont vous m'accuserez réception, vous servira de titre en attendant l'expédition de votre brevet.

Le ministre secrétaire d'état de la guerre,

Maréchal duc DE DALMATIE.

A M. Planat, capitaine du train
d'artillerie,

A PARIS.

━━━◅⊙▻━━━

(*D*)

MINISTÈRE DE LA GUERRE.

BUREAU DE L'ARTILLERIE.

SECTION DU PERSONNEL.

Paris, le 22 février 1833.

Je vous préviens, Monsieur, que par suite de votre demande et d'après le compte que j'ai rendu au Roi de votre position sous le rapport militaire, Sa Majesté vous a admis, par décision du 17 de ce mois, à faire valoir les droits que vous pouvez avoir au traitement de réforme déterminé par l'ordonnance du 5 février 1823.

Cette disposition doit vous faire considérer, dès à présent, comme étant en dehors des cadres de l'armée active, et par conséquent rendu à la vie civile.

Il sera procédé à la liquidation, etc.

Le président du conseil, ministre de la guerre,

Maréchal duc DE DALMATIE.

A M. Planat, chef d'escadron du train des
parcs d'artillerie, en congé,

A Paris.

A S. Ex. M. LE MARÉCHAL DUC DE DALMATIE,

PRÉSIDENT DU CONSEIL ET MINISTRE DE LA GUERRE.

MONSIEUR LE MARÉCHAL,

J'ai reçu la lettre que votre excellence m'a fait l'honneur de m'adresser le 22 février dernier, pour me faire savoir que, par décision du 17 du même mois, le Roi avait bien voulu m'admettre à faire valoir mes droits à un traitement de réforme, disposition qui me place hors des cadres de l'armée. J'étais loin, Monseigneur, d'attendre ce résultat de la demande que j'eus l'honneur d'adresser à votre excellence, le 24 janvier dernier, et par laquelle je sollicitais un traitement de non-activité, en attendant l'occasion d'offrir mes services au gouvernement du Roi.

Avant de me soumettre à cette décision, permettez-moi, Monseigneur, de faire observer à votre excellence que, de tous les anciens officiers d'ordonnance de l'Empereur, je me trouve de beaucoup le plus maltraité, ou, pour mieux dire, le seul vraiment maltraité. Et d'abord, je crois pouvoir réclamer contre un classement qui m'a relégué dans le train d'artillerie, réduit aujourd'hui au service des parcs. Il est bien vrai que des circonstances particulières m'obligèrent à entrer dans le train d'artillerie en 1806, mais par la nature de mes services depuis cette époque, j'appartiens effectivement à l'état-major. J'ai été successivement aide-de-camp des généraux Lariboissière et Drouot, et en dernier lieu officier d'ordonnance de l'empereur Napoléon ; enfin, lorsque, par un acte injuste et brutal, le gouvernement de la restauration m'eut rayé du tableau des officiers de l'armée, je cherchai un asile auprès du prince Eugène, qui me confia le soin de son cabinet topographique et de sa bibliothèque militaire. J'ai servi dans ces divers postes à l'entière satisfaction de mes chefs, ce qu'il me sera facile de prouver.

Des études dirigées vers l'arme du génie ; les connaissances militaires acquises sous les hommes éminents dont je viens de parler, et dans les sept dernières campagnes de la grande armée ; l'habitude de la rédaction en français, en allemand et en italien ; des notions statistiques fort étendues sur l'Allemagne et sur l'Italie, recueillies durant un séjour de dix-huit années dans ces deux pays ; toutes ces circonstances réunies me donnent l'assurance de pouvoir rendre encore à mon pays de bons et d'utiles services dans la carrière des états-majors.

D'après ce court exposé, votre excellence jugera combien il est pénible et humiliant pour moi de me voir aujourd'hui classé dans le train des parcs d'artillerie, et à quarante-huit ans, mis en dehors des cadres de l'armée, tandis que tous mes anciens camarades, tels que le général Gourgaud, les colonels Résigny, Regnault de Saint-Jean d'Angely et autres, ont été comblé des faveurs du gouvernement, faveurs sans doute bien méritées. Cependant, de tous les officiers d'ordonnance de l'Empereur, je suis le seul mentionné dans son testament, le seul qu'il ait désiré avoir près de lui à Sainte-Hélène.

J'ose donc espérer que votre excellence appréciera mes titres, et que jugeant que j'appartiens de fait à l'état-major par la nature de mes services passés, elle voudra bien solliciter des bontés du Roi une décision qui me classe comme chef d'escadron dans le corps royal d'état-major.

Je suis avec un profond respect, etc.

PLANAT DE LA FAYE,

Chef d'escadron, ancien officier d'ordonnance de l'empereur.

Paris, le 20 mars 1833.

N. B. C'est sur cette pétition que se trouve l'apostille du général Drouot, mentionnée dans le mémoire présenté au roi le 17 mars 1838.

(*E*) **MINISTÈRE DE LA GUERRE.**

DIRECTION DU PERSONNEL ET DES OPÉRATIONS MILITAIRES.

BUREAU DES ÉTATS-MAJORS.

———

Paris, 16 avril 1833.

Je me suis fait rendre compte, Monsieur, de votre position, et j'ai reconnu que d'après vos précédents services comme aide-de-camp de plusieurs généraux, puis comme officier d'ordonnance de l'Empereur, vous pouviez vous considérer comme chef d'escadron d'état-major en réforme ; mais en vous donnant l'autorisation d'en prendre le titre, ainsi que vous le désirez, je dois vous faire connaître que vous ne seriez nullement fondé à vous en prévaloir ultérieurement pour réclamer votre adjonction au corps royal d'état-major, les ordonnances, et notamment celle du 23 février dernier, ne permettant d'y faire aucune admission nouvelle, si ce n'est par voie de permutation.

Le président du conseil, ministre de la guerre,

Maréchal duc DE DALMATIE.

A M. Planat, chef d'escadron en réforme.

———◦◦◦———

(*F*) **MINISTÈRE DE LA GUERRE.**

DIRECTION DU PERSONNEL ET DES OPÉRATIONS MILITAIRES.

BUREAU DES ÉTATS-MAJORS.

———

Paris, le 21 mars 1834.

Le président du conseil, ministre de la guerre, prévient M. Planat, chef d'escadron en réforme, ancien officier d'état-major, que, par décision du 16 de ce mois, le Roi l'a remis en activité à la suite de l'état-major général, pour être employé au dépôt de la guerre.

Il prendra sans délai les ordres de M. le lieutenant-général baron Pelet, directeur du dépôt de la guerre.

Cette disposition ne donnera à M. Planat aucun droit de réclamer ultérieurement son admission dans le corps royal d'état-major.

Maréchal Duc DE DALMATIE.

A M. Planat, chef d'escadron en réforme,
ancien officier d'état-major.

(G)   ## MINISTÈRE DE LA GUERRE.

DIRECTION DU PERSONNEL ET DES OPÉRATIONS MILITAIRES.

BUREAU DES ÉTATS-MAJORS.

Paris, le 19 août 1831.

Monsieur, les économies commandées par les limites du budget ne permettant pas de maintenir en fonctions les officiers employés extraordinairement à la suite des états-majors, j'ai le regret de vous annoncer que, par décision royale du 14 de ce mois, vous êtes mis en non-activité par suppression d'emploi, à compter du 1er septembre prochain.

En conséquence, vous êtes autorisé à vous retirer dans vos foyers, etc.

Le président du conseil, ministre de la guerre,

Maréchal Comte GÉRARD.

A M. Planat, chef d'escadron hors cadre,
employé au dépôt de la guerre.

www.ingramcontent.com/pod-product-compliance
Lightning Source LLC
Chambersburg PA
CBHW070748280326
41934CB00011B/2848